Le petit livre noir des CONS

W0218794

#lisez engagé !
www.lisez.com
Pour plus d'information :
Imprimé sur du papier issu de forêts gérées durablement.

© Éditions First, un département d'Édi8, 2013 pour la première édition, 2024 pour la présente édition.

Le Code de la propriété intellectuelle interdit les copies ou reproductions destinées à une utilisation collective. Toute représentation ou reproduction intégrale ou partielle faite par quelque procédé que ce soit, sans le consentement de l'auteur ou de ses ayants cause est illicite et constitue une contrefaçon sanctionnée par les articles L. 335-2 et suivants du Code de la propriété intellectuelle.

ISBN : 978-2-412-09324-5
Dépôt légal : avril 2024
Imprimé en Italie

Directrice éditoriale : Marie-Anne Jost-Kotik
Respondable éditoriale : Cyrielle Londero-Gobry
Éditrice : Marine Bourasseau
Illustration de couverture : Manu Boisteau
Illustration cadre p. 6 : ©Shutterstock – Luba Vega
Mise en page : Charlotte Thomas

Éditions First, un département d'Édi8,
92, avenue de France
75013 Paris
Tél. : 01 44 16 09 00
Fax : 01 44 16 09 01
E-mail : firstinfo@efirst.com
Site internet : www.editionsfirst.fr

Laurent Gaulet

Le petit livre noir des CONS

FIRST
ÉDITIONS

AVANT-PROPOS

En m'attaquant à la rédaction de ce livre, j'ai voulu créer sous Windows un « nouveau dossier » que j'ai souhaité intituler « Con ». Eh bien, figurez-vous – et vous pouvez faire l'expérience – qu'il n'est pas possible de créer un dossier « Con » sous Windows ! C'est con, non ? Alors je l'ai intitulé « Gros con », et ça a fonctionné... Vous découvrirez dans les pages suivantes le ***gros con***tenu de ce dossier.

LA TÊTE DE CON QUE JE NE PEUX PAS ENCADRER

Coller ici la photo
de votre tête de con
préférée, celle
à qui vous dédiez
cet ouvrage

CITACONS

« Au fond, je suis très proche des gros cons dont je parle. Au partage, j'ai seulement eu un petit peu plus d'humour. »

« Si on enfermait tous les cons dans des placards, il n'y aurait pas grand monde pour refermer les portes. »

Coluche (1944-1986)
Humoriste et comédien français

CINÉCON

– *Capitaine Cavalier...* Avec un « K », *n'est-ce pas ?* Comme Kaputt !
– Non, avec un « *C* » comme Connard !

L'As des as (1982)
de Gérard Oury avec Jean-Paul Belmondo, Marie-France Pisier, Rachid Ferrache

CITACONS

« Ce sont toujours les cons qui l'emportent. Question de surnombre ! »

« Quand j'entends discourir des cons au restaurant, je suis affligé ; mais je me console en songeant qu'ils pourraient être à ma table. »

Frédéric Dard *(1921-2000)*
Écrivain français

LE DICO CON

Compère: *ceux qui n'ont pas la chance d'avoir deux parents intelligents ont un compère et une commère.*

Concepteur : procréateur du con.

Condescendance: progéniture du *concepteur* et de la *conceptrice.*

CINÉCON

– En tout cas, je sais pas s'il a l'air conditionné ou l'airbag, mais ce qui est sûr, c'est qu'il a l'air con...

Camping (2006)
de Fabien Onteniente avec Franck Dubosc, Gérard Lanvin, Mathilde Seigner, Claude Brasseur

CHANCON

Moi qui pris mes leçons
    chez l'engeance argotique,
Je dis en l'occurrence,
    excusez le jargon,
Si la forme a changé
    le fond reste identique:
« Ceux qui ne pensent pas
    comme nous sont des cons. »

Ceux qui ne pensent pas comme nous
Chanson de **Georges Brassens**

CITACONS

« Plus on est con, plus on a peur de passer pour un con. »

« Les cons gagnent toujours. Ils sont trop. »

François Cavanna *(né en 1923)*
Écrivain et dessinateur humoriste français

CINÉCON

– J't'enverrai un gonze dans la semaine. Un beau brun avec des petites bacchantes. Grand, l'air con.
– Ça court les rues, les grands cons !
– Oui, mais celui-là, c'est un gabarit exceptionnel ! Si la connerie se mesurait, il servirait de mètre étalon ! Y serait à Sèvres !

Le cave se rebiffe (1961)
de Gilles Grangier avec Jean Gabin, Bernard Blier, Martine Carol, Maurice Biraud

CITACONS

« J'ai un chien pas trop intelligent pour qu'il me prenne pas pour un con. »

« On est toujours le con de quelqu'un, et tant pis pour lui. »

Jean-Marie Gourio *(né en 1956)*
Auteur et scénariste français — Brèves de comptoir

INSULTOCONS

Sale con !
Mort aux cons !
Du con la joie !
Pauvre con !
Vieux con !
Jeune con !
P'tit con !
Gros con !
Connard !
Gueule de con !
Du-con-la-joie-la-bite-en-fleur !
Monsieur Du Con !

CINÉCON

– La connerie… quand elle commence à pleuvoir, il faut un sacré parapluie !

Cinq jours en juin (1989)
de Michel Legrand avec Sabine Azéma, Matthieu Rozé, Annie Girardot

CITACONS

« Traiter son prochain de con n'est pas un outrage, mais un diagnostic. »

« Tout ce que pense, dit et fait un con est con. »

Frédéric Dard *(1921-2000)*
Écrivain français

CHANCON

Écoute les orgues
Elles jouent pour toi
Il est terrible cet air-là.
J'espère que tu aimes
C'est assez beau non ?
C'est le requiem pour un con.

Je l'ai composé
spécialement pour toi
À ta mémoire de scélérat.
C'est un joli thème
Tu ne trouves pas ?
Semblable à toi-même
Pauvre con.

Requiem pour un con
Chanson de **Serge Gainsbourg**

LE DICO CON

Concavité : espace libre situé dans la boîte crânienne des écervelés.

Concubin : con « made in Cuba ».

Confiture : personne qui a le cerveau en marmelade.

Continent : immenses territoires où sont rassemblés et répartis en cinq groupes plus ou moins égaux tous les cons de la Terre.

CITACONS

« Je me sens plus proche d'un Juif intelligent que d'un Arabe con. »

Jamel Debbouze *(né en 1975)*
Humoriste, acteur et producteur français

*

« Les vieux cons ne sont jamais que de jeunes imbéciles qui ne se sont pas améliorés avec le temps. »

Jean Amadou *(1929-2011)*
Humoriste, journaliste, satiriste, écrivain, chroniqueur radio, chansonnier français

CINÉCON

– Y'a des aristocrates et des parvenus, dans la connerie comme dans le reste...

Comment réussir quand on est con et pleurnichard (1974)
de Michel Audiard avec Jean Carmet, Stéphane Audran, Jean-Pierre Marielle

CITACONS

« Il arrive à un con d'avancer, mais seulement à reculons. »

« Si tous les cons volaient, il ferait nuit ! »

Frédéric Dard *(1921-2000)*
Écrivain français

HISTOIRES DRÔLES

Comment reconnaît-on une ânesse en chaleur?
Si tu ne sais pas, c'est que t'es plus con qu'un âne!

*

Quel point commun y a-t-il entre un con et une personne qui a de la salade coincée entre les dents ?
Tant qu'ils ferment leur gueule, personne ne s'en aperçoit !

Dans un bar, un gars se dispute avec un autre :

– Toi, t'es un vrai con ! Je n'ai jamais vu un con comme ça ! Pourtant, des cons, j'en ai vu, mais là... ça dépasse l'entendement. S'il existait un concours du plus gros con du monde, tu finirais deuxième !

– Pourquoi deuxième ?

– Parce que t'es trop con pour finir premier !

*

Quel point commun y a-t-il entre une porte et un con ?

Ça se claque !

CINÉCON

– C'est pas con c'que tu dis ! Hein !
C'est pas con c'qu'il dit ?
– Ouais, c'est pas con c'qu'il dit !
Mais qu'est-ce qu'il dit d'autre ?
– Ha... c'est pas con c'que tu dis !
Qu'est-ce que tu dis d'autre ?

Deux heures moins le quart avant J.-C. (1982)
de Jean Yanne avec Coluche, Michel Serrault, Jean Yanne

LE DICO CON

Compote : *nous en avons tous un parmi nos amis...*

Concentration : *synonyme de « bande de cons ! »*

Concerné : *parce que nous sommes entourés de cons.*

CHANCON

Quand je s'rai grand, j'veux être con
Comme ceux qui votent en silence
En attendant le chang'ment
Il faudrait qu'ça soit eux qui changent

Quand je s'rai grand, j'veux être con
Beaucoup plus con que tous les grands-pères
Qu'ont appris à leurs enfants
À bosser et à se taire

Ralliez-vous à mon blason,
Tous les jeunes cons de la Terre !
Et aux enfants je réponds
« Plus qui s'ront grands, plus qui s'ront cons »
Ralliez-vous à mon blason,
Plus qu'on s'ra grand, plus qu'on s'ra con !

Quand je serai grand
Chanson de **Coluche**

CINÉCON

– *Où avez-vous appris à dire autant de conneries ?*
– *Deux ans de télé.*

Elle boit pas, elle fume pas, elle drague pas, mais… elle cause ! (1970)
de Michel Audiard avec Annie Girardot, Bernard Blier, Mireille Darc

CITACONS

« La télé, c'est tellement con que même les pigeons ne se posent plus sur les antennes. »

« C'est un iceberg, celui-là, sept fois plus "con" que ce qu'on voit. »

Jean-Marie Gourio *(né en 1956)*
Auteur et scénariste français –
Brèves de comptoir

QUESTIONS À LA CON

Puisque lorsqu'on est petits, on nous répète sans cesse « tu comprendras quand tu seras grand », les nains sont-ils restés cons?

*

Celui qui est con comme un gland deviendra-t-il un jour fort comme un chêne?

CITACONS

« Un con vivant est plus intelligent qu'un intellectuel mort. »

« Comment font tous les cons pour vivre en bonne intelligence ? »

Frédéric Dard *(1921-2000)*
Écrivain français

CINÉCON

– Tu m'éclaires ?
Ce type de roucoulement, c'est prénuptial ou post-coïtal ?
– Et ta connerie, elle est congénitale ?

Le Fabuleux Destin d'Amélie Poulain (2000)
de Jean-Pierre Jeunet avec Jean-Pierre Jeunet, Mathieu Kassovitz, Isabelle Nanty

LE DICO CON

Compotier: artisan qui façonne la terre glaise pour réaliser des cruches.

Compressé: footballeur qui court vite.

Conseiller: expert passé maître dans l'art de recommander aux autres de réaliser les conneries qu'il a lui-même imaginées.

CITACONS

« Si le gouvernement créait un impôt sur la connerie, il serait tout de suite autosuffisant. »

« Le problème avec les cons, c'est qu'ils sont incurables. »

Jean Yanne *(1933-2003)*
Acteur, auteur et réalisateur français

CINÉCON

– *Décidément, tu sais rien!*
Un vrai con!
– *Ben, c'est peut-être vrai?*
– Quoi! Qu'il est con?
– *Ben... non, qu'il sait rien?*

Flic ou voyou (1979)
de Georges Lautner avec Jean-Paul Belmondo, Michel Galabru, Marie Laforêt, Jean-François Balmer

CITACONS

« Les conneries, c'est comme les impôts : on finit toujours par les payer. »

« Je ne parle pas aux cons, ça les instruit. »

Michel Audiard *(1920-1985)*
Dialoguiste, scénariste et réalisateur français

CHANCON

Quand les cons sont braves
Comme moi,
Comme toi,
Comme nous,
Comme vous,
Ce n'est pas très grave.
Qu'ils commettent,
Se permettent
Des bêtises,
Des sottises,
Qu'ils déraisonnent,
Ils n'emmerdent personne.

Quand les cons sont braves
Chanson de **Georges Brassens**

CITACONS

« *On vend de la mort aux rats*
mais pas de la mort aux cons.
L'extermination des nuisibles
a encore des progrès à faire ! »

« Le con n'a pas de culture
et pourtant il en pousse
aux quatre coins du monde... »

L'auteur de ce livre

LE DICO CON

Comprimé : mâle élu « Mister camping ».

Compter : dénombrer les cons.

Comptabiliser : *compter*, recenser les Français.

Confort : personne pratiquant la gonflette dans l'espoir de devenir un *comprimé*.

CITACONS

« Un groupe de loups, c'est une horde. Un groupe de vaches, c'est un troupeau. Un groupe d'hommes, c'est souvent une bande de cons. »

« Il n'est pas nécessaire d'être gros pour être un gros con. Il suffit d'être con. »

Philippe Geluck *(né en 1954)*
Dessinateur de BD et chroniqueur belge

CINÉCON

– Quoi, j'ai dit une connerie?
– Toi, les conneries tu les dis pas, tu les fais!

Gazon maudit (1995)
de Josiane Balasko avec Victoria Abril, Alain Chabat, Josiane Balasko

CITACONS

« L'échec, c'est la réussite du con. »

« N'éveillez pas le con qui dort, c'est toujours ça de pris. »

Frédéric Dard *(1921-2000)*
Écrivain français

CITACONS

« Le vrai con est celui qui se croit plus intelligent que ceux qui sont aussi bêtes que lui. »

« Quand un Français est con,
on dit : "Quel sale con !"
Quand un Juif est con, on dit :
"Quel sale Juif !"
Je revendique pour les Juifs
le droit d'être cons. »

Pierre Dac *(1893-1975)*
Humoriste et comédien français

CINÉCON

– Mon fils, souviens-toi que c'est grâce à tous ces cons qu'on est des puissants !
– Messieurs, souvenez-vous que c'est grâce à tous ces puissants qu'on est des cons !

Je sais rien, mais je dirai tout (1973)
de Pierre Richard avec Pierre Richard, Bernard Blier, Danièle Minazzoli

CHANCON

*On peut être riche
Traité de pauvre con
Sortir de son bain
Et être un sale con
Ceux qui s'perdent en conjectures
Sur la vraie nature d'un con
Déduiront sans fioritures
Que c'est une espèce de con*

*Qu'on soit con ou pas con
On est toujours le con de quelqu'un
Mais on est rassuré à chaque fois
Qu'on trouve toujours plus con que soi*

On est toujours le con de quelqu'un
Chanson de Pierre Perret

CITACONS

« *L'ennemi est con, il croit que c'est nous l'ennemi alors que c'est lui !* »

« Le whisky est le cognac du con. »

Pierre Desproges (1939-1988)
Humoriste français

LE DICO CON

Concombre : insulte signifiant « Espèce de cornichon ! »

Contractuelle : sorte d'aubergine très proche du *concombre*.

Contrôleur : la même chose qu'une aubergine, mais dans les trains.

CITACONS

« Le con ne perd jamais son temps, il perd celui des autres. »

« Rien n'est plus voluptueux pour un pas con que d'être pris pour un con par un con. »

Frédéric Dard *(1921-2000)*
Écrivain français

CINÉCON

– Tenez ! Voilà 500 balles et surtout ne me remerciez pas, ça vous écorcherait la gueule !
– Merci, monsieur ! Ça te va, Ducon ?

Nuit d'ivresse (1986)
de Bernard Nauer avec Thierry Lhermitte, Josiane Balasko

CITACONS

« La caractéristique vestimentaire du con consiste en un besoin irrésistible de s'habiller comme tout le monde. »

« Il vaut mieux se taire et passer pour un con plutôt que de parler et de ne laisser aucun doute à ce sujet. »

Pierre Desproges *(1939-1988)*
Humoriste français

CHANCON

On choisit ses copains,
mais rar'ment sa famille
Y'a un gonze mine de rien,
qu'a marié ma frangine
Il est d'vnu mon beauf,
un beauf à la Cabu !
Imbécile et facho,
mais heureusement cocu !
Quand l'soleil brillera que pour les cons
Il aura les oreilles qui chauffent
Mon beauf.

Mon Beauf'
Chanson de **Renaud**

CINÉCON

– Si j'connaissais l'con qu'a fait sauter l'pont...

On a retrouvé la 7e compagnie (1975)
de Robert Lamoureux avec Jean Lefebvre, Pierre Mondy, Robert Lamoureux

CITACONS

« Il faut toujours avoir l'air d'être con si on veut pouvoir paraître intelligent de temps en temps. »

Sigmund Freud *(1856-1939)*
Médecin neurologue autrichien, pionnier de la psychanalyse

*

« Un con peut à l'occasion avoir raison. Question de chance. »

William Cowper *(1731-1800)*
Poète britannique

LE DICO CON

Comploteur: idiot ET *obsédé* sexuel.

Composant: idiot qui aime se faire prendre en photo.

Concentré: *composant* au milieu de la photo.

Concentrique: con ET impuissant.

CITACONS

« Un jeune con est assurément plus redoutable qu'un vieux: il a tout l'avenir devant lui! »

« Nos amies les bêtes, dont nous nous moquons, elles sont peut-être bêtes, mais elles sont pas cons. »

Pierre Perret *(né en 1934)*
Auteur-compositeur-interprète français

CITACONS

« *Les mouettes, c'est pas comme les pigeons. On dirait que c'est moins con. Mais va savoir.* »

Olivier Mau *(né en 1967)*
Écrivain et scénariste de BD français

*

« *J'ai été longtemps un jeune conformiste, et sans doute "formiste" était-il de trop.* »

François Bayrou *(né en 1951)*
Homme politique français

CINÉCON

*– Quand on mettra
les cons sur orbite,
t'as pas fini de tourner !*

Le Pacha (1968)
*de Georges Lautner avec Jean Gabin,
Dany Carrel, André Pousse*

CITACONS

« La plus grande surprise chez un con, c'est qu'il fasse une pause. »

Dominique Chaussois *(né en 1952)*
Réalisateur et scénariste français

*

« L'écrivain aime la vérité qui fait mal, comme les cons la vérité flatteuse. »

Christine Angot *(née en 1959)*
Romancière et dramaturge française

CHANCON

Le pluriel ne vaut rien
À l'homme et sitôt qu'on
Est plus de quatre,
On est une bande de cons.
Bande à part, sacrebleu !
C'est ma règle et j'y tiens.
Parmi les noms d'élus
On n'verra pas le mien.

Le Pluriel
Chanson de **Georges Brassens**

CITACONS

« J'étais conne, je suis devenue une icône. »

Chantal Goya *(née en 1942)*
Chanteuse française

*

« Certains ne sont jamais seuls, ils sont toujours accompagnés de leur connerie. »

Arletty *(1898-1992)*
Actrice française

LE DICO CON

Compiler: *action de broyer un imbécile à l'aide d'une batte de base-ball pour le réduire en poudre de manioc.*

Complanter: *action qui consiste à semer un con en l'enfouissant dans la terre jusqu'au cou.*

CINÉCON

– Monsieur Esnault, si la connerie n'est pas remboursée par les assurances sociales, vous finirez sur la paille !

Un singe en hiver (1962)
de Henri Verneuil avec Jean-Paul Belmondo, Jean Gabin, Noël Roquevert, Suzanne Flon

CITACONS

« C'est avec les jeunes cons qu'on fait les vieux cons. »

« Ce serait raciste de penser que les étrangers n'ont pas le droit d'être cons. »

Coluche *(1944-1986)*
Humoriste et comédien français

EXPRESSIONS À LA CON

« *Piège à con* »
« *Jouer au con* »
« *Faire le con* »
« *Plus on est de cons, plus on rit* »
« *Plus on est de cons, moins y a de riz* »
« *Con comme...*
... ses pieds »
... une valise sans poignée »
... un manche »
... une bite »
... un balai (sans manche) »
... un fer à repasser »
... un pneu »

CINÉCON

– Je l'ai bien examiné, il n'est pas fou. C'est un petit mental qui a une incapacité totale à s'extraire du présent.
– Parlez clairement, docteur.
– D'accord. En clair, il est incroyablement con !

Tais-toi ! (2003)
de Francis Veber avec Jean Reno, Gérard Depardieu

CITACONS

« Un con, ça ne se définit pas. On ne peut donner que des exemples. »

Attribué à **Jean Rigade**

*

« Si tous les cons voulaient se donner la main, ce serait probablement pour se la mettre sur la gueule. »

A. Nonyme

CHANCON

Alors j'ai détruit
Les murs de ma maison
Le toit antibruit
L'abri en béton
Alors j'ai détruit
Pour garder la raison
Les portes en titane
Et puis j'ai construit
Un mur anti-con

Le Mur
Chanson de **Florent Pagny**

Paroles de Pierre-Yves Lebert, musique de Jean-Jacques Daran,
© 2005 Scherzo Concerts et Production – Cuadrada Productions

LE DICO CON

Conciliabule: à propos de la note qu'un professeur attribue à un mauvais élève. Est la contraction de: « *S'il* y a bulle, t'es con. »

Connotation: la note du cancre collectionneur de bulles, de têtes à Toto et de zéros pointés.

CITACONS

« Même les plus cons ont leur jour de gloire : leur anniversaire. »

« Être con est tout à fait supportable tant qu'on l'est suffisamment pour ne pas savoir qu'on l'est. »

François Cavanna *(né en 1923)*
Écrivain et dessinateur humoriste français

CINÉCON

– Alors ? Y dort, le gros con ? Bah, y dormira encore mieux quand il aura pris ça dans la gueule ! Il entendra chanter les anges, le gugusse de Montauban... Je vais le renvoyer tout droit à la maison mère... au terminus des prétentieux !

Les Tontons flingueurs (1963)
de Georges Lautner avec Lino Ventura, Bernard Blier, Francis Blanche, Claude Rich, Jean Lefebvre, Jacques Dumesnil

CITACONS

« Le métier de nègre consiste à donner des idées aux cons et à fournir un style aux impuissants. »

Bruno Tessarech *(né en 1947)*
Écrivain français

*

« Un con qui marche vaut largement dix intellectuels assis. »

Jacques Audiberti *(1899-1965)*
Écrivain, poète et dramaturge français

LE DICO CON

Concours: con atteint de nanisme, une espèce de petit con.

Concurrence: con qui se lave mal les fesses.

Condisciple: personne qui a trouvé son maître en matière de conneries.

Confetti: papier toilette pour les cons.

CINÉCON

– Le mec du *Grand Bleu*, il peut rester sous l'eau dix minutes sans respirer.
– Et toi, tu peux pas rester dix minutes sans dire une connerie !

Les Trois Frères (1995)
de Didier Bourdon et Bernard Campan
avec Pascal Légitimus, Didier Bourdon, Bernard Campam

CITACONS

« Il y a des gens que j'aime et que je traite de cons, mais il n'y a pas de cons auxquels je dis que je les aime. »

« C'est une prouesse que d'écrire sur les cons sans citer de nom. Mais surtout, souvenez-vous bien : on est toujours le con de quelqu'un. »

Frédéric Dard *(1921-2000)*
Écrivain français

CHANCON

Tu sais que « garçon »
Si t'enlèves la cédille
Ça fait « garcon »
Et gare aux cons ma fille,
gare aux cons.
Gare aux cons, gare aux cons
Qui perdent leur cédille.

Garçon
Chanson de **Koxie**

CITACONS

« Avoir l'air con peut être utile, mais l'être vraiment serait plus facile. »

« Vous savez ce que je pense des cons qui chantent au garde-à-vous ? La réponse est contenue dans la question ! »

Coluche (1944-1986)
Humoriste et comédien français

CINÉCON

– La société est bien foutue : elle fout des uniformes aux cons pour qu'on les reconnaisse !

Bernie (1996)
d'Albert Dupontel avec Albert Dupontel, Roland Blanche

CITACONS

« À New York les taxis sont jaunes, à Londres ils sont noirs et à Paris ils sont cons. »

« Les cons aiment être flattés, les intelligents aiment être critiqués. »

Frédéric Beigbeder *(né en* 1965)
Écrivain, critique littéraire, réalisateur et animateur français

QUESTIONS À LA CON

Puisqu'un train peut en cacher un autre et qu'un con peut aussi en cacher un autre... y a-t-il une chance pour qu'un con dans un train puisse disparaître totalement ?

*

Un cul-de-jatte peut-il être con comme ses pieds ?

CITACONS

« La cravate, c'est le passeport des cons. »

Jacques Dutronc *(né en 1943)*
Chanteur, compositeur et comédien français

*

« Quand j'étais jeune, j'étais très con. Je suis resté très jeune. »

Jean-Claude Van Damme *(né en 1960)*
Acteur, réalisateur et producteur de cinéma belge

CINÉCON

– Adjoint Levey, vous n'êtes pas outrecuidant, vous êtes con comme un adjoint... Notez bien que c'est normal. Si vous étiez une lumière, vous ne seriez pas adjoint, vous seriez inspecteur...

Carambolages (1963)
de Marcel Buwal avec Jean-Claude Brialy,
Louis de Funès, Michel Serrault

LE DICO CON

Congénital: *se dit d'un individu dont la connerie est héréditaire.*

Contagieux: *s'il y a de plus en plus de cons, c'est aussi parce que l'on peut être contaminé à leur contact.*

Convalescent: lorsque la connerie n'est pas *congénitale*, elle pourrait se soigner.

CITACONS

« *Si les cons n'existaient pas, il ne faudrait surtout pas les inventer.* »

« *Quand vous tenez quelqu'un pour un con, lâchez-le!* »

Frédéric Dard *(1921-2000)*
Écrivain français

CHANCON

Chacun croise des cons.
Moi j'ai les miens, c'est des bons.
Ils sont constants, ils sont profonds,
C'est des experts, ils ont un don.
Mais les cons les plus heureux,
Sont ceux qui baisent entre eux,
Une fois par an, pour être féconds,
Ensemble ils baisent comme des cons.

Si la race des cons n'est jamais éteinte,
C'est qu'la mère des cons est toujours enceinte.
Au fil des saisons,
La garce prolifère,
Elle pond des p'tits cons,
Dans tout l'univers !

La Mère des cons
Chanson de **Pierre Perret**

CINÉCON

– Ça fait quoi de passer pour un héros ?
– C'est toujours mieux que de passer pour un con !

K2 (1988)
de Franc Roddam avec Michael Biehn, Matt Craven

CITACONS

« Il ne faut pas prendre les gens pour des cons. Il y a assez de cons qu'on prend pour des gens. »

« Pour les aveugles, on dit "non-voyant", pour les sourds, "non-entendant", et pour les cons, "non-comprenant". »

Guy Bedos *(né en 1934)*
Humoriste, artiste de music-hall et acteur français

HISTOIRE DRÔLE

Trois enfants extrêmement mal élevés, de quatre, six et huit ans, sont à table avec leur père. Les enfants chahutent mais ne mangent pas. Le père s'adresse à son fils aîné et se fâche :

– Tu te tais et tu manges !

Le môme de huit ans lui répond :

– C'est trop dégueulasse ! J'bouffe pas de la merde, moi !

Le père se lève et flanque une énorme baffe à son fils. Il s'adresse ensuite à son fils de six ans :

– Et toi ? Ça te fait rire ?

– Ouais ! Ça m'fait rire ! Moi non plus,

j'en veux pas de cette bouffe, alors va te faire foutre !
Le père lui flanque une beigne magistrale, puis se tourne vers son plus jeune fils, celui de quatre ans. Il constate que celui-ci mange paisiblement ce qu'il a dans son assiette mais qu'il se protège le visage d'une main... Son père lui dit :
– Ah ! Toi au moins, tu me respectes ! Inutile de te protéger le visage, je ne vais pas te faire de mal...
Et le petit lui répond :
– On ne sait jamais, t'es tellement con...

LE DICO CON

Compost : administration où l'on fait la queue ou bien qui est fermée.

Composteur : agent de la *compost* chargé de distribuer le courrier.

Concierge : bougie que l'on brûle à l'église en faisant une prière pour que cesse la bêtise humaine.

Convoyage : car de touristes français.

CINÉCON

– Verboten ! Nein ! Das ist mein Kampf ! Das ist mein Kampf ! Juif vous êtes, juif vous avez l'air !
– Faut mettre l'adjectif à la fin, pas au début. On dit pas : « Juif vous avez l'air », mais « Vous avez l'air juif ». Si je vous dis, « con vous avez l'air », c'est pas français. C'est juste, mais c'est pas français.

L'As des as (1982)
de Gérard Oury avec Jean-Paul Belmondo, Marie-France Pisier, Rachid Ferrache

CITACONS

« Je suis un con, mais quand je vois ce que les gens intelligents ont fait du monde... »

« Il était si con que, lorsqu'il disait quelque chose d'intelligent, il se retournait pour voir si ce n'était pas un autre. »

Georges Wolinski *(né en 1934)*
Dessinateur français

CHANCON

Le temps ne fait rien à l'affaire
Quand on est con, on est con.
Qu'on ait vingt ans, qu'on soit
grand-père
Quand on est con, on est con.
Entre vous, plus de controverses,
Cons caducs ou cons débutants,
Petits cons d'la dernière averse,
Vieux cons des neiges d'antan.

Le temps ne fait rien à l'affaire
Chanson de **Georges Brassens**

CITACON

« Il faut être fou pour créer le homard ! Dieu a dû se rendre compte de sa connerie, c'est pour ça qu'il a créé l'homme ; il s'est dit, une fois la connerie faite : "Merde, il faut que je crée quelque chose qui bouffe le homard maintenant !" »

Jean Yanne *(1933-2003)*
Acteur, auteur et réalisateur français

CINÉCON

– Mais t'énerve pas, Jérôme, je crois que tu as accroché une porte.
– J'ai pas accroché, j'ai ripé ! Parle pas de c'que tu connais pas ! Mais qu'elle est conne celle-là !

Les Bronzés font du ski (1979)
de Patrice Leconte avec Michel Blanc, Marie-Anne Chazel, Christian Clavier, Thierry Lhermitte, Gérard Jugnot, Josiane Balasko

CITACONS

« Le bon sens est la chose la mieux partagée du monde... La connerie aussi. »

« Il vaut mieux mobiliser son intelligence sur des conneries que mobiliser sa connerie sur des choses intelligentes. »

Jacques Rouxel *(1931-2004)*
Producteur de dessins animés, illustrateur de BD français – Les Shadocks

LE DICO CON

Confédération: *association de personnes qui pensent que « plus on est de cons, plus on rit ».*

Connexe: *désigne une ancienne épouse.*

Conquérant: *individu cherchant à imposer sa connerie.*

Constellation: *ensemble d'individus qui ne brillent pas par leur intelligence.*

CITACONS

« Un con est un imbécile qui n'a de cet organe ni la profondeur ni la saveur. »

Léo Campion *(1905-1992)*
Chansonnier, acteur et caricaturiste français

*

« Dans la vie, ce qui est grave, c'est pas tellement d'être con, c'est de le rester ! »

Ludovic Roubaudi *(né en 1963)*
Écrivain français

CINÉCON

– Pour une fois que je tiens
un artiste de la Renaissance,
j'ai pas envie de le paumer
à cause d'une bévue ancillaire !
– Une quoi ?
– Une connerie de ta bonniche...

Le cave se rebiffe (1961)
de Gilles Grangier avec Jean Gabin, Bernard Blier, Martine Carol, Maurice Biraud

CITACONS

« L'humour drôle naïf, c'est quand on se fait passer pour un con et que ça fait rire tellement on est con. Généralement, ça marche que quand on est vraiment con. »

Michel Boujenah *(né en 1952)*
Acteur, réalisateur et humoriste français

*

« Chaque année, il y a de plus en plus de cons. Cette année, c'est encore pire, je pense que les cons de l'année prochaine sont déjà arrivés ! »

Patrick Timsit *(né en 1959)*
Acteur et humoriste français

CHANCON

Les bourgeois,
C'est comme les cochons,
Plus ça devient vieux,
plus ça devient bête.
Les bourgeois,
C'est comme les cochons,
Plus ça devient vieux,
plus ça devient con.

Les Bourgeois
Chanson de Jacques Brel

CINÉCON

– Des artistes comme toi, je fous un coup de pompe dans le piano, il en dégringole une douzaine !
– Confidence pour confidence, des connards comme vous, j'fous un coup de pompe dans la télé, il en dégringole cinquante !

Comment réussir quand on est con et pleurnichard (1974)
de Michel Audiard avec Jean Carmet, Stéphane Audran, Jean-Pierre Marielle

CITACONS

« Un homme intelligent n'est rien d'autre qu'un con raté. »

« Mais si, il y a une justice, puisque les cons ont l'air con. »

Frédéric Dard (1921-2000)
Écrivain français

INSULTOCONS

« Si t'étais juste
un peu plus con,
il faudrait t'arroser
deux fois par semaine ! »

*

« Trop con pour travailler,
trop laid pour mendier ! »

*

« Collectionneur de sonneries
de portable à la con ! »

LE DICO CON

Condoléances : insulte signifiant : « Mort aux cons ! »

Conscience : petite voix qui nous dit : « Mais qu'est-ce que t'es con ! »

Conscience professionnelle : être con est parfois bien plus qu'un métier, c'est une véritable science.

CITACONS

Nicolas Sarkozy : Je vous amène le beau temps.
Un pêcheur breton : En Bretagne, il pleut que sur les cons.
Nicolas Sarkozy : Eh bien, il doit pleuvoir souvent !

Un badaud : Ah non, touche-moi pas !
Nicolas Sarkozy : Casse-toi, alors...
Le badaud : Tu m'salis !
Nicolas Sarkozy : Alors casse-toi, pauv' con !

Nicolas Sarkozy *(né en 1955)*
Ancien président de la République (2007-2012)

CINÉCON

– Un con qui, en moins d'une heure, amène ta femme à l'adultère et toi au contrôle fiscal, c'est tout de même prodigieux!

Le Dîner de cons (1998)
de Francis Veber avec Thierry Lhermitte, Jacques Villeret, Francis Huster, Daniel Prévost

CITACONS

« Si on rencontre un vrai con en Suisse... c'est un Belge ! »

« Les sportifs, le temps qu'ils passent à courir, ils le passent pas à se demander pourquoi ils courent. Et après, on s'étonne qu'ils soient aussi cons à l'arrivée qu'au départ ! »

Coluche *(1944-1986)*
Humoriste et comédien français

CHANCON

Être né sous l'signe de l'Hexagone,
On peut pas dire qu'ça soit
bandant
Si l'roi des cons perdait son trône,
Y'aurait 50 millions de
prétendants.

Hexagone
Chanson de **Renaud**

CITACONS

« S'endormir au volant, c'est très dangereux. S'endormir à vélo, c'est très rare. S'endormir à pied, c'est très con. »

Philippe Geluck *(né en 1954)*
Dessinateur de BD et chroniqueur belge

*

« Depuis toujours, à la télévision, on ne fait que passer. Maintenant, en plus, c'est pour un con. »

Pierre Richard *(né n 1934)*
Acteur, réalisateur et scénariste français

CINÉCON

– Un pigeon, c'est plus con qu'un dauphin, d'accord... mais ça vole...

Faut pas prendre les enfants du bon Dieu pour des canards sauvages (1968)
de Michel Audiard avec Francoise Rosay, Bernard Blier, Marlène Jobert

CITACONS

« L'avenir appartient à ceux qui se lèvent tôt, c'est une connerie. Prenez les éboueurs... »

« Ce qu'il y a de bien avec les animateurs télé, c'est que ce qui leur manque en intelligence, ils le compensent très largement en connerie. »

Jean Yanne *(1933-2003)*
Acteur, auteur et réalisateur français

LE DICO CON

Congélateur: se dit de certains dont la connerie fait froid dans le dos.

Conjoint: cigarette qui fait rire bêtement.

Connerie: blonde qui rigole.

CITACONS

« La connerie est la décontraction de l'intelligence. »

Serge Gainsbourg *(1928-1991)*
Auteur-compositeur-interprète français

*

« Elle est si con, la lune. Ça doit être son cul qu'elle nous montre toujours. »

Samuel Beckett *(1906-1989)*
Écrivain, poète et dramaturge irlandais

CINÉCON

– Ce que tu peux être con !
T'es même pas con, t'es bête.
Tu vas jamais au cinoche, tu lis pas, tu sais rien. Si ça se trouve, t'as même pas de cerveau !
Quand on te regarde par en dessus, on doit voir tes dents !

La Grande Sauterelle (1967)
de Georges Lautner avec Mireille Darc, Hardy Krüger, Maurice Biraud

CITACONS

« Quand on travaille pour des hommes, on en met un coup ; quand c'est pour des cons, on fait semblant. »

Alexandre Soljenitsyne *(1918-2008)*
Écrivain russe

*

« Mort aux cons !
Vaste programme. »

Charles de Gaulle *(1890-1970)*
Général, écrivain et homme d'État français

CHANCON

La Terre tourne bien...
Moi, j'en connais des authentiques, des
vrais de vrais, des cousus main!
La Terre tourne rond...
Y a ceux qui sont comme un balai,
comme une valise ou comme la lune!
On n'y change rien...
Qui ont des médailles à leurs revers et
des revers à leurs médailles!
De toute façon...
Puis y a ceux qui sont nés d'hier, des cons
de l'avenir, des cons de la branche!
Mais, voilà, ils sont irremplaçables,
C'est con de trouver plus con que soi!

Les Gens irremplaçables
Chanson de **Michel Fugain**

CINÉCON

– Mais faut arrêter ça, on va se tuer !
– Laissez-moi faire, chef !
– Pourquoi, tu t'y connais ?
– Ben... un peu. Papa était chauffeur de locomotive. Il m'emmenait souvent avec lui.
– Bon alors, le frein !
– Bah oui... mais j'étais p'tit, hein !... Non, c'est pas ça. Ça c'était : « Touche pas à ça, p'tit con ! »

On a retrouvé la 7e compagnie (1975)
de Robert Lamoureux avec Jean Lefebvre, Pierre Mondy, Robert Lamoureux

LE DICO CON

Compétent : idiot que l'on ne peut pas sentir et qui se repère à l'odeur.

Complice : vieux con tout ridé.

Consommateur : représentant des forces de l'ordre effectuant un tir de sommation.

CITACONS

« *Quand on fera danser les couillons, tu ne seras pas à l'orchestre.* »

« *C'est en venant vieux que vous êtes venu couillon ou c'est de naissance?* »

Marcel Pagnol *(1895-1974)*
Écrivain, dramaturge et cinéaste français

QUESTIONS À LA CON

*Si on supprimait tous les angles,
se débarrasserait-on des cons
qu'il y a dans tous les coins ?*

*

*Mon chien est un berger belge.
Est-il con ?*

CITACON

« On dit toujours : "Les sportifs, c'est des cons !" Bon. Mais c'est l'esprit d'équipe... C'est des mecs qui sont une équipe, ils ont un esprit ! Alors ils partagent ! »

Coluche *(1944-1986)*
Humoriste et comédien français

CINÉCON

– Dans le temps, si on t'avait foutu à la lourde chaque fois que t'as fait des conneries, t'aurais passé ta vie dehors !

Le rouge est mis (1957)
de Gilles Grangier avec Jean Gabin, Paul Frankeur, Marcel Bozzuffi

CITACONS

« L'été : les vieux cons sont à Deauville, les putes à Saint-Tropez et les autres sont en voiture un peu partout. »

« J'ai divisé la société en deux catégories : mes amis ou mes cons à moi et les cons des autres que je ne supporte pas. »

Michel Audiard *(1920-1985)*
Dialoguiste, scénariste et réalisateur français

CHANCON

Sa Majesté n'avait pas l'air
d'un Cypriote,
D'un Belge, un Suisse,
un Écossais,
Mais tout bonnement hélas
d'un d'nos compatriotes,
Dans mon rêve, le roi des cons
était français.

Le Cauchemar
Chanson de Georges Brassens

LE DICO CON

Consonne: *si consonne, surtout n'allez pas ouvrir! Ex.: Consonne? Ah que je vais ouvrir! (Johnny Halliday)*

Converger: arbres fruitiers plantés n'importe comment.

Convertisseur: petite calculette qui nous a convertis en cons en nous faisant croire que 1 euro = 6,55957 francs.

CITACONS

« Ce qui est surprenant avec les jeunes cons, c'est leur propension à devenir de vieux cons. »

Doug Larson *(1902-1981)*
Sportif anglais

*

« Deux hommes intelligents, d'idées opposées, trouvent beaucoup plus de choses à se dire que deux cons appartenant à un même parti. »

Frédéric Dard *(1921-2000)*
Écrivain français

CINÉCON

– Les cons, ça ose tout. C'est même à ça qu'on les reconnaît.

Les Tontons flingueurs (1963)
de Georges Lautner avec Lino Ventura, Bernard Blier, Francis Blanche, Claude Rich, Jean Lefebvre, Jacques Dumesnil

CITACONS

« La démocratie, c'est la moitié des cons plus un. »

« Gardons-nous de donner la parole aux cons. Ils ne veulent jamais la rendre. »

Philippe Bouvard *(né en 1929)*
Journaliste, humoriste, animateur de radio et de télévision français

HISTOIRES DRÔLES

Dans un train, un Belge et deux Français partagent le même compartiment. Le Belge demande au premier Français :

– Où allez-vous, une fois ?

– Je vais à Pariss, avec deux « s » ! dit le Français pour se moquer de l'accent du Belge.

– Et vous ? demande ensuite le Belge à l'autre Français.

– Je vais à Bordeauxx, avec deux « x » ! répond le second Français qui poursuit la plaisanterie.

Le premier Français demande alors au Belge :

– Et vous, vous allez où ?
– Je vais à Mâcon, avec deux cons...

*

Quel point commun y a-t-il entre parler avec un con et sourire à un aveugle ?
Ça sert à rien.

*

Comment évolue la vue après la cinquantaine ?
On ne voit plus les lettres de près, mais on voit les cons de loin !

CINÉCON

– Regarde-les, tous ces cons de première classe... Je les enfouis dans la gangue incassable de mon profond mépris dont je suis président d'honneur!

Y a-t-il un Français dans la salle? (1982)
de Jean-Pierre Mocky avec Victor Lanoux, Jacques Dutronc

CHANCON

Je fais l'amour et la révolution
Je fais le tour de la question
J'avance, avance à reculons
Et je tourne en rond,
 je tourne en rond.

Tu vois, j'suis pas un homme,
Je suis le roi de l'illusion
Au fond, qu'on me pardonne
Je suis le roi, le roi des cons.

Je suis un homme
Chanson de **Zazie**

LE DICO CON

Comporte: du verbe « comporter » à la forme impérative; employé comme insulte à l'intention d'une ouverture à abattant que l'on s'est malencontreusement prise dans la gueule.

Concélébration: jour où les cons soufflent leurs bougies d'anniversaire.

Conserve: oui, mais à quoi?

CITACONS

« *Il paraît que l'inventeur de la cédille est un certain "Groçon".* »

« *Quand un muet est con, cela ne se remarque pas.* »

Philippe Geluck *(né en 1954)*
Dessinateur de BD et chroniqueur belge

CINÉCON

– Vous savez quelle différence il y a entre un con et un voleur?
– Non...
– Un voleur, de temps en temps, ça se repose...

Le Guignolo (1980)
de Georges Lautner avec Jean-Paul Belmondo, Michel Galabru, Charles Gérard

CITACONS

« Quand vous citez un texte con, n'oubliez pas le contexte. »

Jacques Prévert *(1900-1977)*
Poète et scénariste français

*

« Par le monde, il y a beaucoup plus de couillons que d'hommes. »

François Rabelais *(1483/1494-1553)*
Prêtre catholique évangélique, médecin et écrivain humaniste français

LE DICO CON

Concasseur: *se dit d'une personne qui nous les hache menu – sorte de brise-noix sur pattes.*

Conjonctivite: *encore plus bête que celui qui a un poil dans la main: celui qui a une poutre dans l'œil.*

Connard: *ou plutôt l'art d'être con.*

CITACONS

« *Quand on est plus de quatre, on est une bande de cons. A fortiori, moins de deux, c'est l'idéal.* »

« *Si les cons volaient, le ciel serait kaki.* »

Pierre Desproges *(1939-1988)*
Humoriste français

CINÉCON

– Docteur ! J'ai un con de classe mondiale ce soir, je vous en supplie, faites quelque chose !

Le Dîner de cons (1998)
de Francis Veber avec Thierry Lhermitte, Jacques Villeret, Francis Huster, Daniel Prévost

CITACONS

« Tolérance : c'est quand on connaît des cons et qu'on ne dit pas les noms. »

« On ne peut pas être et avoir été ! Ce n'est pas tout à fait vrai... J'ai connu des mecs cons qui le sont toujours. »

Pierre Doris (1919-2009)
Comédien et humoriste français

CHANCON

On parle de vous sans cesse
De vos opinions
Vos voitures vos maîtresses
Vos clubs en renom
Vous avez pour vous la presse
La télévision
Vous vous dites la jeunesse
Pauvres petits c...
Vous vous dites la jeunesse
Pauvres petits cons

Pauvres petits c...
Chanson de **Jean Ferrat**

CITACONS

*« On ne le dira jamais assez :
les vieux cons sont simplement
d'anciens jeunes cons. »*

Louis Pauwels *(1920-1997)*
Journaliste et écrivain français

*

*« Si tu comprends autant que moi,
alors c'est que t'es moins con
que t'en as l'air. »*

Raymond Queneau *(1903-1976)*
Romancier, poète et dramaturge français

CINÉCON

– Les cons, ça croit en tout. C'est à ça qu'on les reconnaît.

Elle cause plus… elle flingue (1972)
de Michel Audiard avec Annie Girardot, Bernard Blier, Jean Carmet

CITACONS

« Être traité de con par un autre con ne prouve pas que vous n'en soyez pas un. »

« La connerie, c'est comme la vérole : il n'y a pas de guérison, il n'y a que des rémissions. »

Yvan Audouard *(1914-2004)*
Homme de lettres français

LE DICO CON

Condom : protection qui permettrait aux cons de ne pas se reproduire s'ils ne s'amusaient pas à faire des trous dedans.

Confusion : accouplement de personnes simples d'esprit pour procréer.

Constipé : à propos d'un type qui nous emmerde, contraction de l'expression : « L'est con s'type, hé ! »

CITACONS

« *Commencez la révolution sans nous. On préfère être cons et vivants que morts et pleins d'idées !* »

« *Le mois de l'année où le politicien dit le moins de conneries, c'est le mois de février, parce qu'il y a que 28 jours.* »

Coluche *(1944-1986)*
Humoriste et comédien français

CINÉCON

– On ne dirige pas une chocolaterie avec une famille qui s'accroche à vous comme un vieux croûton à sa canne. Ne le prenez pas mal !
– Y'a pas d'mal... P'tit con...

Charlie et la Chocolaterie (2005)
de Tim Burton avec Johnny Depp, Freddie Highmore, David Kelly

CITACONS

« "Non, je ne suis pas le dernier des cons", déclara-t-il en désignant la longue file qui le suivait. »

Jean-Louis Fournier *(1938)*
Écrivain, humoriste et réalisateur de télévision français

*

« La différence essentielle entre un jeune con et un vieux con réside dans le temps qu'il leur reste à être cons. »

Jean Dion *(né en 1962)*
Journaliste et chroniqueur sportif québécois

CHANCON

Combien de temps...
Combien de temps encore ?
Des années, des jours, des heures,
combien ?
Je veux des histoires, des voyages...
J'ai tant de gens à voir, tant d'images...
Des enfants, des femmes, des grands
hommes,
Des petits hommes, des marrants, des
tristes,
Des très intelligents et des cons,
C'est drôle, les cons, ça repose,
C'est comme le feuillage au milieu des
roses...

Le Temps qui reste
Chanson de **Serge Reggiani**

CITACONS

« *Dieu a fait le monde en cinq jours. Ensuite, il a fait le con.* »

« *Il y aurait plusieurs façons d'être con, mais le con choisit toujours la pire.* »

Frédéric Dard *(1921-2000)*
Écrivain français

CINÉCON

– Un intellectuel assis va moins loin qu'un con qui marche.

Un taxi pour Tobrouk (1960)
de Denys de la Patellière, dialogues de Michel Audiard, avec Lino Ventura, Charles Aznavour, Maurice Biraud

CITACONS

« *Con : exige un adjectif qui l'accompagne. Le vrai con, le sale con, le petit con, le pauvre con, etc. Sinon ça ne veut rien dire.* »

Attribué à **Jean Rigade**

*

« Heureusement qu'il y a un comptoir, sinon on serait là, debout comme des cons. »

Jean-Marie Gourio *(né en 1956)*
Auteur et scénariste français –
Brèves de comptoir

CHANCON

Non certes elle n'est pas bâtie
Non certes elle n'est pas bâtie
Sur du sable sa dynastie
Sur du sable sa dynastie

Il y a peu de chances qu'on
Détrône le Roi des cons.

Il peut dormir ce souverain
Il peut dormir ce souverain
Sur ses deux oreilles serein
Sur ses deux oreilles serein

Le Roi des cons
Chanson de **Georges Brassens**

CINÉCON

– Celui qui a des lunettes, c'est Rey. Le plus dangereux, c'est Rey. Le plus con, c'est Rey. L'autre, c'est Massart...

Flic ou voyou (1979)
de Georges Lautner avec Jean-Paul Belmondo, Michel Galabru, Marie Laforêt, Jean-François Balmer

LE DICO CON

Convaincu : parce qu'il nous arrive parfois de gagner des batailles contre la bêtise...

Conversation : discussion débile entre idiots, car ne pas parler aux cons pour ne pas les instruire ne les empêche pas de parler entre eux.

Convive : très utile lors d'un dîner de cons.

CITACON

« Il y a des livres qui rendent con. Le problème, c'est que c'est après les avoir lus... que l'on s'en rend compte. »

Philippe Geluck *(né en 1954)*
Dessinateur de BD et chroniqueur belge

INSCRIVEZ SUR CETTE PAGE VOTRE TOP 10 PERSONNEL DE CONS :

1) ....

2) ....

3) ....

4) ....

5) ....

6) ....

7) ....

8) ....

9) ....

10) ....

Rejoignez l'auteur sur sa page Instagram
www.instagram.com/laurentgaulet

et Facebook
www.facebook.com/LGaulet

Dans la collection **« Le Petit Livre de »** vous trouverez également les thématiques suivantes : cuisine, culture générale, insolite, tourisme, langues, humour, jeunesse, développement personnel.

Pour consulter notre catalogue et découvrir les dernières nouveautés, rendez-vous sur **www.editionsfirst.fr** !